"Aseema Sahu brings into her poetic diction a distinctive mark of someone who deftly combines nuanced romanticism with a wide range of realism. The tenderness of her lyrical exuberance gets finely balanced by a metaphysical hum. What pleases the readers most is the robust optimism on the face of the multiple travails of our time."

Haraprasad Das
Recipient of Kalinga Literary Award (2017), Moortidevi Award (2013), Gangadhar Meher Award (2008), Kendra Sahitya Akademi Award (1999), Sarala Award (2008)

"Aseema Sahu's poems, ably translated from the original Odia by Namrata Chadha, are a welcome addition to new poetry being written by a younger generation of poets. Covering a wide range of subjects- love and time, women and nature, and even current happenings like absconding millionaires- they are bound to captivate readers with varied interests."

Jagannath Prasad Das
Honoured with Sahitya Akademi Award, Saraswati Samman & Nandikar Award

"While publishing AseemaSahu's third poetry anthology in Odia, which is subsequently translated into Hindi by Namrata Chadha, I forgot the myth about women being subjugated into quiet and passive existence in literature. She writes in flair, equanimity, style, sagacity, and yet in comprehensive innocence. She seeks transcendence and beauty in both Nature and human psyche. Any stereotypes of meek and timorous women writing wishy-washy diffident poetry are unobtrusively crashed once you begin to explore her poems."

Prakash Mohapatra
Honoured with Odisha Sahitya Akademi Award, Publisher Events Publication

"A fascinating compilation of poetry exploring a heterogeneity of themes ranging from love, bruise, assuage, diminution, nature and feminism. Each poem tries to distill and liaise life. Aseema's poetic talent reveals how simple, nuance, effective and accessible poetry can be."

Satyabrata Panda
Chief Editor BHUMI: The Mother Earth

पुकारे कोई क्षितिज के पार से

पुकारे कोई क्षितिज के पार से

ड. असीमा साहु

अनुवाद
नम्रता चड्ढा

BLACK EAGLE BOOKS
2020

BLACK EAGLE BOOKS

USA address:
7464 Wisdom Lane
Dublin, OH 43016

India address:
E/312, Trident Galaxy, Kalinga Nagar,
Bhubaneswar-751003, Odisha, India

E-mail: info@blackeaglebooks.org
Website: www.blackeaglebooks.org

First International Edition Published by
BLACK EAGLE BOOKS, 2020

PUKARE KOI KHITIJ KE PAR SE
by **Dr. Aseema Sahu**
Translated by **Namrata Chadha**

Original Copyright © **Dr. Aseema Sahu**
Translation Copyright © **Namrata Chadha**

All rights reserved. No part of this publication may be reproduced, stored in a retrieval system, or transmitted, in any form or by any means, electronic, mechanical, photocopying, recording or otherwise without the prior permission of the publisher.

Cover Photo: **Abhishek Acharya**
Cover & Interior Design: Ezy's Publication

ISBN- 978-1-64560-084-8 (Paperback)

Printed in United States of America

समर्पित करती हूँ

मेरे भीतर बसी गहरी निखरता को
मुखरित करनेवाले अनकहे शब्दों को

मेरी काव्यरुचि के बोधिवृक्ष की छाया
में साधनारत पवित्र मुहर्तों के क्षणों को

मेरी साहित्यिक यात्रा के साथी
आकाश, वायु, अग्नि, जल, पृथ्वी -
पंचभूत रूपक
लेखनी, प्रकाशक और पाठकों को

कवियत्रि की रचनाओं
अश्लील साहित्य के फटे पन्नों की
नजर से ना देखने वाले
उन सभी सहृदय सतिर्थकारियों की
संवेदनशील दृष्टि को

मुझे हर क्षण विचलित करनेवाले
दूर दिशांतर से आती
अनजानी नैसर्गिक पुकार को ।

— असीमा साहु

कुछ बातें...

कविता मेरे बेरंग जीवन में इस भाँति आई मानो कोई रंग बिरंगी तितली हो ।

मधुर सा दर्द जो मन को बेचैन कर देती थी तो कविता के रुप में, कभी भरी महफिल की तरह तो कभी सुनसान हवेली की तरह होती कभी इतनी चंचल हो उठती कि व्याकुल होकर सारी बाधायें पार कर जाती तो कभी स्पर्श को सिहरन भर देती तो कभी विश्वास से परिपूर्ण कर देती ।

कभी क्षितिज के उस पार मुझे इशारे से बुलाती है फिर जुदा होने के ड़र से और अधिक बेचैन हो उठती है । मेरे और अधिक परेशान होने पर कविता धीरे से हथेली में उतर आती और मेरा मन इस जादुई परिवर्तन को कागज पर सुंदर सी कविता की छवि अंकित करती । कभी शृंगार रस में भरी पंक्ति उमड़ कर आती तो कभी वियोग वीणा में पहाड़ी राग से रागिनी गाती है ।

कभी कभी सामाजिक एवं आधुनिकता से ओत - प्रोत साड़ी पहनकर जाती है । तो कभी भक्तिपूर्ण विश्वास, प्रार्थना लय में शब्द चित्र अंकित करती है । सच में कविता मेरे जीवन की सबसे बड़ी उपलब्धि है । जो मुझे जमी से उठाकर फलक पर बिठा देती है ।

यह कविता मेरे मन की अनुभूति है। जो विभिन्न संभ्रान्त पत्रिका और प्रतिष्ठित समाचार पत्रों, पन्नों का मण्डन किये हुये हैं । इसलिए उन पत्रों पत्रिका के संपादक और समुदाय मण्डलियों के प्रति मैं अति कृतज्ञता की आभारी हूँ। अपने लक्ष्य पर यदि यह कविता संकलन पाठकों का प्रेम पाने में तनिक भी सफल होती हूँ तो मैं अति प्रसन्न रहूँगी ।

- असीमा साहु

प्रस्तावना

किसी एक भाषा के विचार, भाव, अभिव्यक्ति को किसी दूसरी भाषा में लयात्मक ढंग से ठीक उसी तरह अनुवाद करना कोई आसान काम नहीं है। यह मेरे लिए और भी कठिन था खासकर तब जब किसी पद्यानुवाद (पोइट्री ट्रांसलेशन) करना हो। गद्य यानी प्रोज का अनुवाद अपेक्षाकृत थोडा़ सा आसान होता है। मैं खुद को भाषाविज्ञानी नहीं कहती हूं। न जाने किस अदृश्य शक्ति ने कविता का अनुवाद मुझसे करा दिया। भाव संप्रेषण में थोडी़ कठिनाई आयी भी पर थोडा़ समय ज्यादा लगा लेकिन व्यस्तता के बीच पुरसुकून में प्राय: रात में यह काम करती थी। ओडिशा राज्य महिला आयोग की पूर्व सदस्य सामाजिक कार्यकर्ता होने के नाते मेरा तरह-तरह की भाषायी संस्कृति के लोगों से संपर्क रहा। भाषा के मामले में मेरा जितना प्यार ओडिय़ा से रहा उतना ही लगभग हिंदी से रहा है। हिंदी वादविवाद, बहसों, न्यूज चैनलों, पुस्तकों को पढने् आदि ने इस भाषा की ओर मेरा झुकाव बढा़ दिया। कठिन शब्द भी अपने-अपने से लगने लगे फिर वे चाहे हिंदी के हों या फिर ओडय़िा के। अध्ययनशीलता मेरी अनुवाद के क्षेत्र में काम आयी। किसी भी कठिन कार्य को बतौर चुनौती या यों कह लें कि अवसर मानते हुए उसे स्वीकारना मेरे स्वभाव में शामिल है। सो कविता का अनुवाद भी मैने चुनौती एवं अवसर के रूप में लिया। मूल कविता का गंभीरता से अध्ययन किया। शब्दों का चक्रव्यूह मस्तिष्क में घुमडता़ रहा। भाषा, भाव, अभिव्यक्ति का मर्म समझ में आने लगा। ऐसा लगने लगा कि संप्रेषण का सशक्त माध्यम भाषा है तो क्यों न कि ओडिया साहित्य का व्यापक प्रचार-प्रसार किया जाए। क्षेत्रीय या विदेशी भाषा की अनूदित रचनाएं अनुवादकों के कारण ही चर्चित रही हैं।

मै यह भली प्रकार समझती हूं कि कविता जन्म लेती है तो न जाने कितने भाव उसमें निहित होते है। कविता के लय और सामाजिक अभिप्राय के भावों और मूल कृति के साथ यदि अनुवादक न्याय कर पाता है तो समझिये साहित्य क्षेत्र में यह बहुत बडी़ बात है। मुझे लगा कि कोशिश करने में क्या जाता है। कोशिश करने वालों हार नहीं होती है।

दरअसल मेरा मानना है कि लगभग १६वीं सदी से अनुवाद के कार्य को प्रमुखता दी जाती रही है। अब तो डिजिटल युग है तो इस युग में अनुवाद का महत्व और भी बढ ज़ाता है। जब वसुधैव कुटुम्बकम की अवधारणा को साकार बनाने में अनुवादकों की महती भूमिका होती है। क्योंकि भाषा साहित्य का संप्रेषण एक समाज का दूसरे समाज से परिचय का सशक्त माध्यम होता है। यह बात भी मेरे मस्तिष्क में घूमती रहती है। मैं कोई स्थापित साहित्यकार या अनुवादक नहीं हूं। यह मेरा पहला अनुभव है। अनुभव ही तो सही मार्ग प्रशस्त करता है। भाषा के शब्द और भाव उसे पहचान दिलाते हैं। हिंदी इसीलिए विश्व की भाषा के रूप में स्थापित है। शब्द सामर्थ्य, शब्द सत्ता, शब्द सीमा जैसे धीर गंभीर विषयों पर चिंतन मनन भी मुझे अनुवाद के क्षेत्र में ले आया। अनुवाद में प्रयोग किए गए शब्द यदि दमदार हैं तो समझिए मूल कृति और भी प्रभावी रूप में स्थापित होती है। किसी शायर ने कहा है कि 'इक लफ्जे मुहब्बत का बस इतना फसाना है/सिमटे तो दिले आशिक फैले तो जमाना है।' सच यही है। मुझे लगा कि अनुवाद मौलिक कृति को विस्तार और मूल कृतिकार को भी एक नयी वैश्विक पहचान भी देता है तो फिर क्यों हाथ आजमाया जाय। वेद पुराण हो, कालिदास की कृतियां हों या फिर क्षेत्रीय भाषा का साहित्य हो। हर महान कृति का अनुवाद किया गया है। जन पहचान अनुवाद से मिली। यह भी सही है कि लेखकों को वैश्विक पहचान अनुवादकों और आलोचकों के चलते मिली। अनुवाद न होता तो बांग्ला साहित्य तो बंगाल तक ही सिमट कर रह जाता। ओडिया़ साहित्य का हिंदी अनुवाद न हुआ होता तो कई लेखक ओडिशा तक ही सिमट कर रह जाते। मेरा यह भी मानना है कि इस दौर में अनुवादकों की भूमिका कोई कम चुनौतीपूर्ण नहीं है। अनुवाद में स्रोत भाषा के अर्थ या संदेश का लक्ष्य भाषा में सम्प्रेषण ही मुख्य बात है। मैंने यह प्रयास किया है। मेरा मानना है कि समतुल्य शब्द, भाव और कथ्य ही किसी भी अनुवादक का अंतिम लक्ष्य होना चाहिए। शब्दों के अर्थ की अपनी-अपनी ध्वनियां हैं जो वैकल्पिक शब्द यानी अनुवाद की जाने वाली भाषा के शब्दों से मेल खाए और वही ध्वनित हो जो मूल भाषा के शब्द में है। यह विशेषता यदि मेरे अनुवाद में कहीं झलके तो मैं खुद को धन्य समझूंगी। कठिन से कठिन शब्द निरंतर प्रयोग में आने के बाद सरल हो जाते हैं। जीवन का हिस्सा बन जाते हैं। सरल भाषा में अनुवाद करना अपने आप में क्रिएटीविटी है। भाषाइयों के बीच दूरियां कम करने का एक छोटा सा प्रयास है मेरा अनुवाद। अच्छा है बुरा यह फैसला पाठकों को करना है।

- नम्रता चड्ढा

सूची

मैं नहीं विरहिणी प्रियतमा	१५
डेफोडिल	१७
ये प्रेम और क्या है	१९
तुफानी फनी की सिम्फोनी	२१
चलो हाथ थाम लें	२३
जिन्दगी की हर साँस में	२५
सबकुछ मंजूर है	२७
सुबह के ५ बजकर ४० मिनट	३०
मिट्टी	३३
ये देहाती वृक्ष	३५
प्रेम का मीठा सा नशा	३७
प्यार की प्यास	३९
नारी हूँ मैं	४१
मेघ मल्हार	४२
अल्हड़ हूँ मैं	४३
तुम मेरे अपने हो इसिलिये	४५
पतझड़ का झड़ता पत्ता	४८
कहाँ वो अब मेरी माँ का पीठा – मिठाई	५०
नीरव मोदी के देश में	५२
कभी मैं होती थी	५३
कोमल बूटें	५५
चिट्ठी	५९
तुम्हारी नालायक बेटी	६१
चाहिए वही रूमाल मुझे	६३

जरा सा कोई	६४
प्रीत की महक	६६
बाबुल का महकता आँगन	६७
तपती गर्मी	६९
शरारती चाहतें	७०
किसी ने मेरी वो कविता चुरा ली है	७२
कब आओगे	७४
तमाशा	७६
ये औरत भी ना	७८
जीवन	८१
ठिठुरती शाम	८२
मेरी सत्ता	८४
मुझे कुछ कहना है	८७
एक बार कुछ अपने लिये	८९
पात्र	९०
प्रेयसी	९२
कोई तो है	९४
दिल के आईने की तस्वीर	९६
मेरी लाड़ली बेटी	९८
अस्तित्व	१००
शब्द के लिये	१०२
आघात	१०३
विश्वास में जगन्नाथ	१०५
हे मेरे ईश्वर	१०७
घास के तिनके	१०९
सांवली सी लड़की	१११
बारीपदा	११३
मयूरभंज	११५
विभोरते शब्द	११७

मैं नहीं विरहिणी प्रियतमा

मैं नहीं,
किसी के सपनों की संचारिणी
न ही सुख वैभव की संगिनी
या चिरँतन प्रियतमा विरहिणी

मैं नहीं
किसी माया से भरी तरंगिनी
न हिमबिंदु में बंधी अलखनंदिनी
या विमोहन के रास की रागिनी

मैं तो केवल
छन्दों के जादुई ईशारों की
सचमुच की अपरुपा सलज प्रेमिका हूँ

तपजों के मतवाले आंचल को उड़ाती
रुठी हुई अलसायी सी नायिका हूँ
किसी ने कभी ओ मेरी प्रिये
कह कर पुकारा नहीं
प्रेम के जाल में कभी पड़ी नहीं
छुपकर दिल देना कभी सीखा नहीं
अंधेरों में आँसू बहा तिल तिल जली नहीं

मैं तो केवल,
फूलों की पंखुडियों सी कविता की पंक्ति को
महकती हुई रात में

पुलकित मन के मंच पर बिखेरती हूँ
तब लहराती लताओं के साये में
सबका मन हर लेती हूँ

बिखरी मेघमाला ढलती हुई शाम में
झूम झूम बहती पुरवैय्या
धीरे से आकर मेरी लेखनी की
भावनाओं में समा जाती है
और कुछ भी न कहती हुई
मन की भाषा ही सब कह जाती है

मैं तो केवल,
बार बार अपने दिल में लकीरें खीचती हूँ
मन की आवाज उस पर लेप देती हूँ
अपने नगमों से, नैनों की पलकों में
सतरंगी पंख को धीरे से फूँककर
उड़ा देती हूँ ।

■

डेफोडिल

ना जाने
किस अनुराग से प्रज्जवलित
मेरी चाहतों की ये चिंगारी
चुराई हुई फालगुन की घटाओं से
चेताली के फूलों में डेरा डालि

ना जाने
किस मीठे पनघट के पानी से
स्याही का अभिषेक करती
प्यार के सुहाग में जैसे

बरसाने लगे सोना - चाँदी
जहाँ मेरी चाहते
जैसे कभी फागुन में
भर भर पलाश खिलती

कभी सर्दी में कोहरे की बुंदे जैसे
हीरे के लौंग की तरह चमकती
तो कभी उसकी चाहत
जैसी नशीली रात में
खिले फूलों को बरसाती

गहरे प्यार में डुबी तारकशी जैसी
महीन लकीरें कजरारी आँखों के
कोनों तक खिंची
प्रणय की बाँसुरी में
मल्लिका मल्हार के गीत गाती
खिले कमलों से भरे पनघट के
भँवरों की तरह
पाठक अगर दीवाने हो जायें
तो भला लेखिका की क्या है गलती !
वो तो अपनी सिल्क साड़ी पर
डेफोडिलों को छाप
उनमें रगों को भरती है
लेकिन हाँ सारे आँचल को
भँवरों से सजाती है
उसकी सिर्फ इतनी सी गलती

एकदम अकेली रमणी
मायाविनी, जादूगरनी
प्यार में मगन
विभोर होकर भी
हर दिन तराने लिखती है
उसे लेखनी की चतुराई आती है
इसीलिये शब्दों को आकार में डाल
उनमें अहसास भर देती है ।

■

ये प्रेम और क्या है

ये प्रेम और क्या है ...

गगन तल पर जैसे
फूल शैया सजाए हो
जहाँ हर नक्षत्र आँसुओं में भरा वो
जहाँ सूरज की तपश में दहके वो
हर चाँद की चाँदनी में समाये वो

जैसे कोई प्रतिदान की चाह नहीं लिये हुए
फूल और कोमल पत्तों से

आबाद सिर्फ और सिर्फ
देनेवाला पुर्ण समर्पित फलदार वृक्ष वो

हमारे पैरों से हजारों बार
ठोकरें खाकर भी
चुपचाप हर चोट सहती
फिर भी उन्हीं पैरों को
मजबूत बनाती ये धरती
आकाश से छलक कर भी
वो नन्ही बुंदें मुस्कुराते हुए

मिट्टी की कतरा कतरा प्यास बुझाती
जैसे
एक दूजे में समा जाने का
कोई पक्का वादा किए हुए के
कोई हैरतगंज दस्ताविहीन
दस्तखत हो

जहाँ बच्चे की नन्ही से मुट्ठी भर जितनी
एक नाजुक सी मासूमियत
उसकी छुअन हो
सिहर कर झुम उठे
मिट्टी में सामने से पहले वो
ये प्रेम और क्या है !

केवल ढाई अक्षरों में बसा हुआ
ब्रह्मांड है वो ।

तूफ़ानी फनी की सिम्फ़नी

आज तूफ़ानी फनी आयी थी
काश तुम उस समय
भुबनेश्वर मेरे पास आ पाते

और तूफ़ान में उड़ती हुई
मेरी साड़ी के दामन में छिपी
सारी शर्म - हया को समेट
कसकर गाँठ में बान्ध देते

मेरे गालों पर लगातर बहती पानी की धारा से
उसके प्यारे शहर का पता पूछ लेते ।
जब मैं अपनी कांपती उंगलियों से
तुम्हारी गीली लटों को सवाँरती
तुम मुझसे इन गरजते बादलों के शोर
का व्याकरण सीख लेते
हो सकता था
तुम मेरे साड़ी के गीले आंचल को
निचोड़ते वक़्त
घने काले बादलों के पीछे छिपे
मेरे सब्र के सूरज को
मुझे ढूंढ कर ला ही देते ।

तुम्हारी शरारती मंद सी मुस्कान को देख
मेरे हाथ तुम्हें छूने की हिम्मत जुटा ही लेते
और इस तूफ़ानी बारिश के बहते पानी में
मेरे तमाम पापों को तुम
बहा ले जाते
हो सकता था
जब मैं आंखें झुंका कर अपने थर थराते निचले होंठ को दबाती
तो मेरे सरकते आँचल को
बड़े संयम के साथ संभालते
और सही मायनों में हमें प्रेम की परिभाषा समझाते
प्रिये मेरे
इस प्रलयंकारी तूफ़ान में
जब तुम अपनी दोनों सुदृढ़ बाहें फैलाते
मेरे जीवन के सारे उमड़ते जज्बाती तूफ़ान पलक झपकते ही
तुम्हारे गहरे नैनों में समा जाते ।

काश
जब तुफान फनी आया था
तुम मेरे पास भुवनेश्वर आ जाते ।

■

चलो, हाथ थाम लें

जैसे व्याकुल नवजात शिशु
अपनी भूख मिटाने के लिये
माँ का आँचल टटोल कर दूध
पा ही जाता है

जैसे किसी टूटे हुए हृदय की
निराशा और वेदना को दूर करने
कहीं ना कहीं से कोई आकर
एक आशा की किरण दिखा जाता है

जैसे मन अँधेरों में भटकते राही को
एक आशा के दीप की रौशनी में
उसका हाथ थाम कोई मंजिल तक ले जाता है

जैसे एक माँ, कोमल अस्वथ बच्चे को
गोद में उठा, आखरी ठसाठस भरी बस में
चढ़ती है,
तब कोई कमजोर, दयनीय मजदूर
उसे अपनी जगह पर बिठा देता है

जैसे प्रखर नदी की तेज रफ्तार सी
शहर की भीड़ में

दूर से ही जीर्ण मन्दिर के शिखर को देख
आरती की घंटियों की आवाज सुन
छोटी सी बच्ची राह में ही
चप्पलें उतार
दोनों हाथ जोड़, वहीं से प्रार्थना
करने लगती है

तो क्या ये भरोसा नहीं है ?

चूर - चूर होकर बिखरे हुए मन के
दर्पण के हर कण में
आज भी मानवता का
चेहरा दिखता है
अभी भी इस दुनिया में भरोसा जीवित है
चलो, एक दूसरे का हाथ थाम
आगे बढें.
रास्ता बहुत लम्बा है ।

■

जिन्दगी की हर साँस में

सारी जिन्दगी की हर साँस में हो तुम
कल कल बहती धारा के
गुन गुनाते रहस्यमय गीत हो तुम

जंगल के झरने की
झर झर बहते छंदों की
चेतनाओं से बने ताने बाने के
सा रे गा मा पा का मधुर संगीत हो तुम
कभी एक दम शान्त
कभी महा प्रशान्त हो तुम
कभी सीमाओं को तोड़ती नदी के
बहते नीर हो तुम
दूर दूर तक फैली सपनों की राह में
मेरी अपलक आँखें ढूंढती है
जब तुम नहीं दिखते हो तो
हार कर एक बार धीरे से
कह ही देती हूँ
जाओ - बड़े बेइमान हो तुम

फिर कभी
इतने कोमल और धीर हो जाते हो तुम
मेरी हथेलियों में जब अपना

चेहरा छुपाते हो तुम
तो तुम्हारे नम नैनों को देख
सिहर उठती है नजरें मेरी
सचमुच मेरे लिये तो
ईश्वर का अमूल्य उपहार हो तुम

इसलिये तो मेरे लिये
अनुनय भी तुम
विनय भी तुम
रूठने - मनाने की आँखमिचौली हो तुम
ताकिद करते हुए हुकुम भी तुम
महकती हुई बांसुरी की
झूमती धुन हो तुम
कितने मधुर हो तुम

तुम्हारी इठलाती चाल के पीछे
दर दर भटके
मेरा उन्मुक्त यौवन

दिन भर की थकान से चूर
कोहरे से भरी धुँधली ढलती शाम में
बड़े अपने से लगते हो तुम
बस खिंची चली आती हूँ
 आओ कहकर जब मंद मुस्कुराते हुए
प्यार से पुकारते हो तुम
अपने पास बुलाते हो तुम ।

सबकुछ मंजूर है

प्यार में कभी
जुदाई को मंजूर करना होगा
मैंने कभी ऐसे ही
कह दिया था
अब लगता है
सच ही कहा था

बिखरी हुई हसरतों के
बरसते बादलों में
मेरी आँखों में आज भी बसी है
तुम्हारी मंजूरी से भरी हुई दो नजर
ढलती शाम के साये में

लाखों मल्लिकायें
रह रह कर छुअन पैदा करे
मेरे कँपकँपाते अधरों के बीच

तुम नहीं होते मेरे पास
फिर भी मेरी रातों की नींद
तुम्हारी रंगीले रसीले सपने की
झिलमिलाती रोशनी में रहते हो

सुना है
तुम्हारे प्यार ने
मेरी उम्र के कुछ साल
चुरा लिये हैं
चुराये होगें

क्योंकि काफी खुबसूरत दिखती हूँ
ऐसा जमाना कहता है
तुम मुझे और भी याद आने लगते हो
ये सब सुनने के बाद
तुम्हारी और भी याद सताये

किसे मालुम था
मेरे उस अनमोल वक्त को
चुरा कर अपनी जेब में रख
एक दिन चुपचाप फरार हो जाओगे

और
रुकी पड़ी दिल की धड़कनों
की काँच की घड़ी को
फिर से चलाने के लिये
मेरा टूटा बिखरा तड़पता दिल
इधर उधर, बारिपदा की
हर गली कुँचे में
ढूँढता फिरेगा
कभी ढूंढते - ढूंढते तुम्हें
जब सुबह की सैर में
अक्सर जिस चाय के
दुकान पर तुम जाते थे

उसके सामने पहुंच जाऊँगी
कभी
अपनी बालकनी की
चाँद की झिनी झिनी चाँदनी में भीगते हुए
कभी ना खत्म होने वाली
तुम्हें पाने की हसरत लिये
तुम्हारी चाय के गिलास और
अधखुले होंठो के बीच
अधजली सिगरेट में
ढूँढ़ती हूँ

सच कहती हूँ
ये बेकरारी भी मंजूर है मुझे
आज तुम्हारे प्यार में ।

■

सवेरे के ५ बजकर ४० मिनट

यहाँ सुबह के ५ बजकर ४० मिनट
और वहाँ भुवनेश्वर में अब भी
भोर की लाली खिली नहीं
सारी रात मैं सोई नहीं

घनी रात के छटते हुए अंधेरों में
वक्त से अनभिज्ञ
अपने बिखरे बालों से भरे तकिये पर
उलझी लटों को संभालते
अपनी अधखुली आँखों से

जब इन्बोक्स पढती हूँ
बहुत याद आती हो असीमा
तो उदास हो जाती हूँ
तुमने शायद
सुबह की सैर से लौट कर लिखा होगा ?
क्या तुम भी सारी रात सोये नहीं ?
तुम्हारी बेकरारी, तुम्हारे दर्द
रात भर जगाने वाली छटपटाहट से
न जाने क्यों
इतना कतराऊ मैं ?

कहो न
क्यों नही आजाद़ होना चाहते
मेरी चेतावनियों के बाद भी

इस बेरुखी की कैद से
दिन रात के सितम से
क्या सुकून पाते हो इस बैचैनी से ?
मेरे मना करने के बाद भी
क्यों इतनी मोहब्बत करते हो मुझसे
कभी कभी ऐसा लगता है
कि तुम मुझे बनाना चाहते हो
संसार की सर्वश्रेष्ठ प्रेमिका
इसलिए ही इतने सितम हो सहते
लेकिन मैं केवल रह जाती हूँ
एक खर्चीली औरत बनकर
क्यों कोई आशा रखते हो मुझसे ?

बाहर झाँका तो पाया
अभी भी कुछ और समय लगेगा
अंधेरे को छटने में
झरोखा खोलते ही लगा
पवन के झोकें तुम्हारी हथेलियों से
होते हुए मेरे चेहरे को छूकर चले गए
सुबह की खिलती किरणों में
ढेर सारे पंछियों की चहक से
लगा पुकारा है तुमने
लेकिन शायद तुम व्हात्सप में खोये होगे
यहाँ से जब मैं
निकलूँगी सुबह की सैर को

मेरे बदन पर पड़नेवाली
सूरज की पहली किरण
तुम्हारी याद दिलायेगी
यही तो मेरा तुम्हें उपहार होगा
ओह : तुमको कितना मिस कर रही हूँ
अभी सुबह के
५ बजकर ४० मिनट
बारीपदा के आसमान पर
भोर की लाली फैली नहीं
और मैं सारी रात सोई नहीं ।

मिट्टी

मिट्टी की यही तो
सबसे विशेष खासियत

वो खुद मिट जाये
लेकिन तुम्हारे अटूट विश्वास को
कभी मिटने ना दे
इस मिट्टी को खोदो
आग में तपाओं
चाहे कैसे भी बर्तन बनाओ
चकनाचूर करो
या फिर से जोड़ो
बिटिया की गुडिया हो
या मन्दिर - मकान

या फिर देवालय की मूरत हो
उसे भला क्या फर्क पड़े
सर्दी के कोहरे
या बारिश की बूँदें
चिलचिलाती धूप या
बिजली कड़के
वो तो बस चमकती रहे

चाहे इस पर
कोई हजारों वार करे
इसे खोद खोद कर
इसकी पहचान मिटाने की
जितनी भी कोशिश करे
फिर भी वो
तुमको जिन्दा रखने के लिये
तुम्हारी साँसों के लिये
चोट खाकर भी
प्रत्येक कण के बीज से
अंकुर पैदा करे

उसकी विशेष खासियत
वह सबकुछ सह जाये
बह जाये
बहा कर ले जाये
यहाँ तक कि
तुम्हारे तिरस्कृत प्राणहीन 'शव' को भी
अपनी गोद में समाकर
'शिव' की सत्ता से
मिलन करा दे
मिट्टी तो आखिर मिट्टी ही है
इसका कोई दूजा विकल्प नहीं है।

ये देहाती वृक्ष

ना जाने कितने युग बीत गये
हैरान हूँ यह देख कर की
ये वृक्ष अभी भी देहाती के देहाती है

ये जंगल में हो
या शहर में
इनका डेरा चार दिवारी के बाहर हो
या घर के आंगन में
अपने को फूल पत्तों से लादे
मिट्टी को अन्दर तक जकड़े
अपनी शाखा प्रशाखाओं को पकड़े
ये वृक्ष अभी भी देहाती के देहाती ही है
यीशु हो, देवता हो या हो कोई पीर
पण्डित, फादर या मौलवी फकीर
साम्प्रदायिकता से कोई
वास्ता नहीं रखते हैं

बल्कि
मन्दिर, मस्जिद या गिरजा का
चोखट, किवाड़ बन
ये सर्वधर्म के मंत्र का

पैगाम फेलाते हैं
हमरी भूमि को सजाने वाले
इन निष्पाप मन के वृक्ष को
जब कोई लकडहारा अपनी कटारी से
इसके टुकड़े - टुकड़े करता है
तब भी तुम्हारी कटी - टूटी टहनियों पर
आखरी साँसे लेते इसके पत्ते
उसकी पीठ पर पँखा झलाते है
जैसे
औरत के हाथ अपनी साड़ी
के आँचल से
करवट लिये रुठे पति की
पीठ का पसीना पोंछते हैं
ये देख मेरी आँखों से
ना जाने कैसे आँसू बहने लगते हैं

बेवकूफ कहीं के
ना जाने खामोशी से इतना
कष्ट कैसे सहते हैं
ये वृक्ष अभी भी देहाती के देहाती है ।

प्रेम का मीठा सा नशा

तुम्हारा प्रेम और क्या है
मीठे से नशे की प्यास है
उस मीठे नशे की चाहत में
मैं विभोर और वशीभूत हूँ

तुम्हारे प्रेम का नशा
एक ऐसा विशाल सागर
जहाँ अनायास ही
बिना डुबे
मैं लीन हो जाती हूँ
तुम्हारे प्रेम का नशा
एक ऐसा घरोंदा
जहाँ बिना किसी भय के
मेरा ये मनमौजी दिल
अनन्तकाल के लिये
वहीं पर बसना चाहती हूँ

तुम्हारे प्रेम के नशे
की निशानियों में
मेरे प्रियतम
ना ही कोई निदान चाहती हूँ
ना ही इससे मुक्ति चाहती हूँ

बल्कि
कष्टों की यन्त्राणओं में
शुन्यता के खालीपन में
तुम्हारे प्रेम को मीठे नशे में चूर
मेरा झुमता हुआ शरीर
जब तुम्हारी विशाल फैली बाहों से
आलिंगन में बन्ध जाये
तब मेरी आँखों में
ये सारी दूनिया
तुम्हारे प्रेम के नशे में झुमने लगती है
फिर और कोई चिंता नहीं रहती
सुरक्षा वे सहज आश्वासन से भरी
तुम्हारी दोनों हथेलियों में
झट से अपना चेहरा छुपा कर

अपनी आँखें मूंद लुंगीं
यही तो मेरे जीवन की
श्रेष्ठ सार्थकता होगी

प्यार की प्यास

पाप पुण्य के देशांतर के मानचित्र में
हमेशा से प्रेम का ठिकाना निर्दिष्ट है
उसके मन में बहती अनुराग भरी

तटिनी में
प्यार के रस पीने की तृष्णा लिये
उनसे मिलने को रूह तरसती

वहाँ हमेशा
रातें काली खुली जुल्फों जैसी
अपना चेहरा दिखायें
छोटी छोटी चिडियायें अपना डेरा बसाये
नरगिस अपनी खुशबू से
चमन को महकाये
ढलती शाम का सिन्दूरी सूरज
लावण्यवती का
अंग अंग निखरे

वहाँ
साँझ के तराने में
अपने खालीपन को भरने के लिये
उसका उमड़ता यौवन

अँधेरे की और छलकता जाये
हर दिन जितना भी
भर भर कर पीयो इसे
फिर भी बुझाती नहीं
अतृप्त वो प्यास रह जाये

क्या पता किस मुर्तिकार की छैनी की
नोक जैसी नुकीली है
वो मस्त हसीना
या सचमुच किसी पुराने लिफाफे में
छुपी हुई कोई प्यार भरी चिट्ठी
या संगमरमर की एक मुग्ध चेतना

माफ करना
प्यार में डुबने के बाद
उसकी प्यास की इतनी चर्चा
अब बखान नहीं होती
और ये बुझाने से भी नहीं मिटती ।

नारी हूँ मैं

विश्वास की डोर से बन्धी हूँ
ज्योति हूँ मैं
आलोक हूँ मैं

बिन्दु से सिन्धु
सिन्धु से बिन्दु
बना सकने वाली ताकत हूँ मैं
नित्य हूँ मैं
परिचय हूँ मैं
वो आनन्द भी हूँ मैं

ममता मैं बसी
भोली सी मूरत हूँ मैं
माया मैं
भगिनी भी मैं
जननी हूँ मैं
देवी मैं बसी
तुम्हारी निष्ठा हूँ मैं
प्रेम हूँ मैं
परिपूर्ण भी मैं
हाँ नारी हूँ मैं ।

मेघ मल्हार

आतुरता का ये रेला
व्याकुल मेघों का मेला
ज्योतिर्मयी से भरे अम्बर
अपनी बूंद बूंद में
अनुराग लिये फुहार बरसाये
प्रणय विभोर हो इस धरती पर

धीरे धीरे से आना
प्रियतम मेरे
अपनी बांसुरी की
मधुर धुन बजाते हुए
बूंद बूंद में रागिनी को
बरसाते हुए
प्रेम के अधूरे गीत
अपने अधरों से गाते हुए
लोक लज्जा की बातें
अब न समझे ये मन
झर झर बरसते प्रेम के रस में
बरसता जाये ये मन
आकाश जहाँ धरती को चूमे
वहीं मिलेगा मेरा सनम ।

अलहड़ हूँ मैं

मुझसे जरा संभल कर रहना
हो सके तो दूर ही रहना

अचानक कभी किसी दिन
तुम्हारी बाँह से पकड़ कर
ले जाऊगीं तुम्हें
शॉपिंग मॉल या
लॉन्ग ड्राइव पर
या पीने के लिये पब में
कभी आधी रात दो बजे मेसेज कर
अपने घर के सामने
बुलवा लुगीं तुम्हें
कसकर गले से लगाकर
सारी दुनिया से भुलवा दूँगी तुम्हें

अपनी ही मर्जी की मालकिन हूँ मैं
पार्क, म्युजियम कहीं भी
तुम्हें ले जा सकती हूँ मैं
बड़ी ही अलहड़ हूँ मैं
सरे आम बीच बाजार में
चुम सकती हूँ तुम्हें मैं

या
कभी सारी ख्वाहिशों को
बेहरमी से काट कर
तुम्हें तुम्हारा अपनों से
जुदा कर सकती हूँ मैं
करती होगी तुम्हारी बीवी
बड़ी अदब से कड़ी पहरेदारी
उसके नजरों के पिंजरें से भी
तुम्हें उड़ाकर ले जा सकती हूँ मैं

जितना हो सके मुझसे दूर ही रहना
खतरनाक गहरा भवँर हूँ मैं
बहुत ही अलहड़ हूँ मैं ।

तुम मेरे अपने हो इसीलिये

तुम मेरे अपने हो इसीलिये
चिलचिलाती धूप में भी
तुम्हारे लिये नंगें पाँव मीलों तक चलना
पसंद करती हूँ

तुम मेरे अपने हो इसीलिये
हर ढलती शाम में
चाय बिस्किट के साथ
भीगी सी चाँदनी में
सारा वक्त बिताना चाहती हूँ
तुमको क्या कभी ये खयाल आया है
आखिर कैसे
मेरे जैसी अपने मन की मालकिन

तुम्हारे मन की मेज पर
चुपचाप बैठ, सब्र से
तुम्हारी कही सारी बातें
इतने ध्यान से सुनती हूँ
आखिर क्यों
ये आजाद खयालों वाली
तुम्हारे सारे हुकुम को मान

हर बात पर हामी भरती है
तुम्हारे कहे हर झूठ को
सच मान, उसपर
आँख मूँद एतबार करती है
क्या ये सबकुछ सिर्फ एक इत्तेफाक है
नियती का कोई बेवजह सा हादसा
ये मेरी जो इतनी बेचैनियाँ
क्या सिर्फ फ़ेसबुक और व्हात्सप पर
तुम्हारी नजदीकियाँ पाने के लिये है
कुछ तो जरुर होगा

तुमसे ये राज छिपा नहीं है
तुम्हें ये अच्छे से मालूम है
मैं हमेशा जिन्दा रखूँगी इस मोहब्बत को
अपनी अंतिम साँसों तक
तब तक खत्म न होगी
जब तक दरिया का पानी सूख न जाये
चाँद अपनी चाँदनी से रुठ ना जाये
सारे तारे आसमान से छिटककर
गिर न जायें
और इस जहाँ में हमेशा के लिये
अंधेरा न छा जाये

ये मेरा वादा है तुमसे
अगर तुम जाना चाहोगे तो
कभी कुछ भी न कहूँगी
मेरी तो यही एक तमन्ना है
मेरी बाहों के घेरे में ही
तुम्हारी नींद टूटे

तुम मेरे अपने हो इसीलिये
एक पल को मेरे सरताज बन जाओ
मैंने जिसके लिये अपनी जिन्दगी में
सबसे बड़ी तोहमत उठायी है
वो तुम ही तो हो
तुम मेरे अपने हो इसीलिये ।

पतझड़ का झड़ता पत्ता

अभी भी जिन्दा हूँ मैं
कुछ और जीने की आस
के सपने लिये
आहिस्ता आहिस्ता कमज़ोर होता
अधमरा सा
पुरा टूट कर बिखरने के डर से
पल पल मरता हूँ मैं

पतझड़ का झड़ता पत्ता हूँ मैं
इतना सहमा हुआ कि
हवा का धीमा सा झोंका भी
अगर मुझे छू कर चला जाये
तो तुमको जकड़ कर थाम
थर थर कांपने लगता हूँ मैं
पतझड़ का झड़ता पत्ता हूँ मैं

तुम्हारे सुखे बदरंग से बदन को
अपने सब्ज रंगों से ढककर
मैनें अपनी सारी उम्र गुजार दी
आज उन तमाम जीते हुए पलों का
हिसाब माँगता हूँ मैं

पतझड़ का झड़ता पत्ता हूँ मैं
तुम पर अपना सबकुछ लुटा कर
कतरों कतरों में बिखरते हुए
आखिरकार थक कर, हार कर
टूट कर, तुमसे बिछड़ कर
गिर जाता हूँ मैं

पतझड़ का झड़ता पत्ता हूँ मैं
तुमसे जुदा होते वक्त
जब नजर पड़ती है मेरी
तुम्हारे उसी बदन पर
तो देखता हूँ
नाजुक से नये पत्ते
फिर से खिल कर बसने लगे हैं तुम पर
तो सचमुच अचानक
रुआंसा सा हो जाता हूँ मैं
तुम बड़े तकदीर वाले हो
उस बदलते मौसम की तरह

अपना भी रंग बदल लेते हो
किसी नयी - नवेली दुलहन की तरह
नये नाजुक पत्तों की भींच कर
अपने सीने पर फिर से सजा लेते हो
और मैं पतझड़ का पत्ता बन जाती हूँ ।

कहाँ वो अब मेरी माँ का पीठा – मिठाई

अपना सारा पहनावा बदल लिया
केशों को भी रंगवा लिया

सात फेरों वाले रिश्तों के
पचडों से किनारा कर लिया
बिना किसी बन्धन में बन्धे
एक साथ रहना शुरु कर लिया

फुर्सत की शामों को
लाल रंग के शबाब से रंगने लगी हूँ

अपने गाँव को छोड़
बचपन की सहेलियों को
बधाईयाँ - चुम्मा सबकुछ
मोबाईल से भेजने लगी हूँ
आखिरी छायादार पेड़ को भी काट
मेरे घर तक जानेवाली सड़क
कितनी चौड़ी और चमकदार बन गयी है
घर के पिछवाड़े में उगी सब्जियाँ भी
उँचे दामों के लालच में

जहरीले मिलावटी रंगों में रंगकर
लोग बेचने लगे हैं
बेचो, मुझे इससे क्या
शहरी किताबों में पढ़ा था
बड़ी - बड़ी खदानों को बम से उड़ाकर भस्म कर रहे हैं
करो, मुझे इससे क्या

रात के अंधकार में
ट्रेक्टरों में भर भर कर
चोरी की हुई नदी की रेत
घूम घूम कर शहरों में बेच रहे हैं
बेचो, मुझे इससे क्या
किसान अनाज की जगह
रुपया कमाने
रिक्शा चलाने लगे हैं
हर कोई अपनी फ़रमाइश
ऑनलाइन पूरी करने लगे हैं
अब क्यों याद करे कोई
तेरे हाथों से बनी हुई पीठा - मिठाई

ओ मेरी मैया !!!
खबर मिली है मुझे
पीठा तो अब सरकार
पंचायत में बाँटने लगी है ।

■

नीरव मोदी के देश में

'श' से आरम्भ होने वाले सिर्फ दो 'शब्द'
जो सारी हुकुमत को हिला दे

'श' से शोषित वर्ग -
कीड़े मकोड़े जैसे जीते
हरदम परेशान से जैसे
बस्ती में भूखे नंगो के मेले

'श' से ही शोषक वर्ग -
पूंजीपतियों के वेश में छिपे दरिंदे जो
हैवानियत का खेल खेलें

'श' से ही शोषित
जिसकी धमनी में बसा खून
पेट की भूख की खातिर
पानी की तरह लगातार बहता रहता है

'श' से ही शोषक
जो अपने ही देश के शोषितों के
खून पसीने की गाढी कमाई लूटकर
चुपके से विदेशों में छुपकर
ऐशोआराम की जिन्दगी जिए ।

∎

कभी मैं होती थी

कभी हुआ करती थी
मैं तुम्हारे दिल की मालकिन
पर अब दिन नहीं रही वो

लेकिन मेरे दिल के किसी कोने में
आज भी तुम छुपे बैठे हो
आज तुम्हारी नयी प्रेमिका दिखी

सच कहुँ तो उससे जलन नहीं हुई
लेकिन तुमको नज़रों से गिरते देख
तुम बेसब्री पार्लर के बाहर
खडे होकर उसका इन्तजार करते हो
तो लगता है जैसे उसको सीधे किए हुए
सुनहरी रंगे हुए बालों को कसकर
बाँध दिये हो
फिर कभी देखा
वो अपनी अधखुली छाती के साथ
अपनी जवानी का इश्तहार देते हुए
बाइक में तुमको जकड़कर बैठती है
तो लगता है जैसे वो मालकिन है
और तुम उसके अदब नौकर

या अफ्रीका के हुकुमदार गुलाम हो
तुम अब उसके नये आशिक जो बन गये हो
आज भी तुमको खोजती है
उस शर्मीली लड़की की आँखें
नजऱे झुकायें वहीं कॉलेज के पीछे वाले
गौरांग मठ के पास
दो पराठों के साथ आलू भजिया लिये
वो सपने में बंटे हुए दिनों में
जब तुम्हारी ऑनर्स की क्लास
सवा एक बजे तक खतम होती
तो भूख भी उसकी रास्ता भूलकर
इन्तजार करते करते वापिस चली जाती ।

■

कोमल बूटें

सच बताओ ना
इस महगें हाट में
जीने के लिये
धीरे धीरे, परत दर परत बढ़ना
क्या इतना आसान होता है ?

पथरीली धरती की गेरुआ छाती
को चीर
ये कोमल से पत्ते
नाजुक सी जड़ों के ऊपर
अंधेरे से रोशनी में
आने के लिये
एक एक बूंद पानी को
पीने के लिये
ना जाने
कितनी संग्राम करते हैं

कभी गाय - बकरियों के भूख से
कभी इंसानों के जानवरों
जैसे बर्ताव से
ना जाने

कितने संघर्ष करते
अपने आपको बचाते
और ना जाने कब और कैसे
चुटकियों में सारा समय
बीत जाये
ये तो जान भी नहीं पाते
इतने संघर्ष के बाद
जब दुर्बल हो जाते
थक हारकर झड़ने लगते
तब अपने को रंग हीन पाते
तो पत्तझड़ के आने का
एहसास करने लगते
अपने सिर पर
बिना किसी साये के
बेमौसमी मुसलाधार वर्षा
में भीगते हुए
सिकुड़कर सिमटे,
गीले से छोटेपन के
इस एहसास को भी भूल जाते
जैसे कोई
झुर्रियों से भरी
सुखी सी चमड़ी
टेढी होती कमर
कसकर टहनियों को जकड़ी
सफ़ेद दाढी जैसे
बेतबरि से इधर-उधर बिखरी
दीमक खाई खोखली
काया जैसे
टूटकर बिखर जाते

इसबार के लिये
बस यही तो
उनका परिचय रह जाये
फिर भी
बहुत आसरे से
नन्हीं चिड़िया
अपने को सुरक्षित रखने के लिये
इनको जकड़ कर रखे
और फिर
थोड़ी सी हिम्मत मिलते ही
पंखों को जोर लगा
उड़ान भरकर
फुर्र से फरार हो जायें
और वापिस आने का
रास्ता, ठिकाना
सबकुछ भूल जाये
जाने वाले कभी वापस नहीं आते
ये बात अचानक
सच लगने लगे
पास की लहराती लताए बूटें
अँकुरित होने लगे
उन बूटों पर फिर से
नये कोमल पत्ते
लहलहाने लगे
और पेड़ भी झट से
उनका सारा बोझ
अपनेपन से उठाने लगे
जैसे उन्होंने कभी
एक दूजे के साथ

जीने का वादा किया हो बस
तनों पर नाजुक पत्ते
भरने लगे, लहलहाने लगे
ठूंठ जैसी सुखी खोखली
काया कल्प होने पर भी
जितनी भी परेशानी हो
इन्हें कोई फर्क नहीं पड़े
हरियालिपन के विश्वास की
आशा की किरण
बार बार चारों ओर
उद्भासित ही प्रकाश करे
इसीलिये तो मिट्टी की जड़ें
इनसे आसमान को छू सके
इस स्वार्थी दुनिया में
ये कोमल बूटें
एकदम बेहिसाबी
नि: स्वार्थी होकर रहें
जरा
अस्पताल जाकर पुछकर आओ
एक किलो ऑक्सिजन
की कीमत
कितनी छटपटाहट है वहाँ
बिना ऑक्सिजन सिलिंडर के
सांसें भी उखड़ जाये
और ये बूटें
बिना किसी अहंकार के
खामोशी से भोले भाले
भला हिसाब क्या समझे ?

■

चिट्ठी

अपनी नर्म हथेलियों की गरमाहट से
जिस चिट्ठी को कभी तुमने लिखा था
आज भी वो मेरी आँखें भिगो जाती है

और कभी कभी
मेरे होठों को छू
मंद मंद सी मुस्कुराती है
तुम्हारी चिट्ठी के लिये आतुर,
डाकिए के इन्तजार में वो मीठा दर्द
चिट्ठी मिलने के बाद भी वो दीवानापन
मुझे आज भी विभोर कर डालती है

चिट्ठी में तुम्हारी
प्यारी शरारतों की छुअन
शर्म से सिमटता मेरा तन
सबकुछ अपने में समेट
सीने से लगाकर
हौले से करवटें बदलती हूँ
फिर भी तुम्हारी चिट्ठी खत्म कहाँ होती है ?

बक्सा खोलते ही
इत्र की वो महक
गुलाबी कागज.में लिपटी
न भूलनेवाली यादें
एक गहरे अहसास में डुबो देती हैं
कहो ! कैसे सहूंगी ये सब ?
ये सिर्फ एक चिट्ठी न होकर
तुम्हारी नशीली महक है
जो मेरे अंतर में
धीमे धीमे समाती है ।

■

तुम्हारी नालायक बेटी

मुझे सजाने सवारने में माँ
तुम्हारी सारी उम्र गुजर गयी
मुझे बुलंदियों तक पहुँचाने के
सपनों की चाहत में माँ
तुम सचमुच कितने पीछे रह गयी
गुड़ की चाशनी जैसी मीठा
तुम्हारी ममता का रस है

जीवन की चक्की के पाटों में पीसते रहना ही
तुम्हारा एक निराला शौक है
अपनी अभावों से भरी गृहस्थी के
सारे गमों को चूल्हे में फूँक देती हो
कभी परियों की कहानी सुना कर
कभी सुरीली लोरियों गा कर
बच्चों को चैन की नींद सुला देती हो
ना जाने कितनी
अनगिनत जिम्मेदारियों का बोझ उठाये
एक औरत माँ बनती है
तुम्हारे थके चेहरे की वो
बेरौनक परेशान सी शिकन भरी लकीरें
सबकुछ बयान कर देती है

मर्यादा तोड़ती मेरी सारी नादानियों को
कैसे डाँट डपट कर
अधिकार से
सुरक्षित सा रख लेती है
अपनी गोद में
ये निष्पाप अपनापन भला
मिल पायेगा किसी और रिश्ते में
मैं जानती हूँ सिर्फ तुम ही खामोशी से
धो सकती हो वो सारी गन्दगी मेरी
जो कभी फैलाया करती थी मैं
अज्ञानतावश अपने बचपन में

अपने घर की इज्जत की खातिर
कसमें देने पर भी कुछ नहीं बताती हो
मेरी अपनी दुनिया की हदों के पार
आखिर इतना दूर क्यों चली गयी हो ?
फिर भी देखो ना
दुनिया की नजरों में
ये जो तुम्हारी लायक बेटी
ओ मेरी माँ
दरअसल कितनी नालायक बेटी है ।

■

चाहिए वही रूमाल मुझे

चाहिए वही रूमाल मुझे
जो तुम्हारी जीन्स की बायीं जेब में
बड़े यत्न से पडा हुआ है
जलने लगी हूँ उससे
जो लिपटा तुम्हारे बदन की खुशबू में
बार - बार धोने पर भी
होती न खुश़बू थोड़ी सी कम
काश बन पाती में भी उस खुशबू जैसी
लेकिन हाय जुदाई का गम
उजड़े चमन के बूटों सी
हरदम उसके प्यार के जादू में
रूह की गहराइयों तक
परत दर परत बसी हुई प्यास सी
तुम्हारे गालों और होंठों पर
बेवक्त टपकती पसीने की बूंदें
अमृत में बदल जाती हैं कैसे
उस रुमाल के छूने से
और मैं
रह जाती हूँ हमेशा
बेबस और अधूरी सी
बस चाहिए वही रुमाल मुझे,
कसम से !!!

■

जरा सा कोई

जरा कोई जाकर
फलों से कहो ना
सोते हुए भी खिले रहो
अपनी डालियों की कलाइयों को
कसकर थाम लो ना
जरा कोई जाकर

इन्द्र धनुष से कहो ना
सतरंगी छटा बिखरते रहो
और आसमान के खुले सीने पर
निखर कर झूलते रहो
जरा कोई जाकर
साँवली सलोनी गेहूं से कहो ना
समन्दर की लहरों जैसे लहराये
गहरायी सी बालियाँ लिये
झूमती रहो
इस मिट्टी को भी खुशी होगी
अगर उस पर जहर ना डालो
अब तो धूल मिट्टी से सने
यहाँ रेशम के फूल हैं
अधजले, झुलसे मुरझाए से

मखमली रेशों वाले पँख से हैं
खजूर के रस की खातिर
बेरहमी से उसकी छातियों को चीरती
हाथों में कुल्हाड़ी भी है
जरा कोई जाकर
मेरी हसरतों को
रंगों से भर दो ना
हाथी - शेरों को तस्वीरों की कैद से
छुटकारा दिला दो

मिट्टी को पानी में जी भर इतराने दो ना
काश हाथी- शेर तस्वीर से बाहर आ जाते
पानी की बौछार में

मिट्टी का प्रत्येक कण इतराते
और पंछी फुर्र हो जाते ।

प्रीत की महक

प्रीत आग लगाये
मल्लिका के दिल में
कभी तेज उजालों में
तो कभी गहरे अंधेरों में
रक्तिम अधरों की तृष्णा
तारों से चमकते नयन
ईशारों में लुभाये बार बार
मतवाला बेखयाली ये मन

जरा बताओ ना
इतना बेकाबू क्यों है दीवाना
क्यों चाहता है प्यार की धीमे धीमे महक
मैं यौवन की आग में सुलगना
प्रेमिका की पलकों में जरा झाँको
मासूम सा शर्मिलापन
आग लागे ऐसे सावन को
जो जलाये इस मौसम में तन बदन ।

बाबुल का महकता आँगन

अपनेपन का असीम दुलार लिये
गूँज उठा है
मेरे बाबुल का घर
अन्दर बाहर, चारो तरफ
मस्ती भरी चहल-पहल
अनगिनत मनुहार करके
इतने दिनों के बाद में
इस बार दशहरे की छुट्टियाँ में
आ सकी हूँ तुम्हारे पास मैं
सिर्फ दो दिन की मोहलत लिये
ओ मेरी मैया, अब ये ना पुछना
 कैसी हूँ मैं   ?

अपने बाबुल के घर आकर
फिर से
सबकी लाड़ली बन गयी मैं
देखो मेरी किस्मत पर
लिपटे मकड़ी के जालों को
माँ अपने आंचल से
झाड़ने लगी है
फ़रमाइश करते ही
मेरी पसन्द के
ढेरों व्यंजन बनाने लगी है
बाबुल के आशीषों में

छुपकर बेफ़िक्र सी नींद भी
मेरी आँखों में
डेरे जमाने लगी है
महावर रचे पावों में
बन्धीं पाजेब की
खनखनाहट का तोहफा भी
एक मीठा सा अहसास दे रही है
ऐसे खुशी के पवित्र क्षणों में
अब ये ना पुछना मुझसे
ससुराल में सबकुछ सहती
अपनी उदारता को धीरज से
कैसे हेमदस्ते में रोज रोज कूटती हूँ
उसका हिसाब ना माँगना मुझसे
अपने शरीर के जख्मों
के दागों को
क्यों छिपा रखा है दामन में
उनको बस और ना कुरेदो
अब बस और कुछना
पूछना मुझसे
जब से बाबुल के घर की
दहलीज लाँघी है
वो अधिकार भी तो
खो चुकी हूँ
कसम से
अपने ही बाबुल के घर
महमान बनकर रह गयी हूँ
और
अपने ही आशियाने का
ठिकाना ढूँढ रही हूँ । ∎

तपती गर्मी

बदन को अंगारों में बिछाकर
दहकते लू को लेपकर
कितना भी अतृप्त रह जाती ये प्यास
ना हरियाली में हैं शान्ती
क्लान्त है कोमल प्रकृति
ना है शीतल पवन
ना ही है सरस जीवन
कटी धरती की दरारों को ढके है

गर्म तुफानी हवाओं में जैसे बिखरे बालों ने
फटी धरती पर पड़ी दरारों को ढक दिया है
सच बताओ
क्या तुम निष्ठुर हो इतने
या आने वाले गुलों को खिलाने
सावन की बौछारों का मौसम लाने
करती हो ये तमाम अभिनय
अपनी तृप्त प्यास को मिटाने ।

■

शरारती चाहतें

बड़ी शरारती है ये चाहतें
कहीं भी, कुछ भी करना चाहे
कॉफी की चुस्कियों में
अधजली सिगरेट से
उड़ते गोल गोल धुँए में भुली बिसरी यादों में
ये बेशरम सी अपना चेहरा टिका दें किसी अन्जान के सीने में
सुलगता होठों पर काट देनेवाला
चुम्बन को तरसे
आधी रात में
कभी
पुरानी तारिका की मल्लिका की तरह
जुड़ा बाँध के
अपने ऊँचे माथे पर बिन्दी सजाले
तिरछी निगाहें फेरते हुए
अपने नायक के आगे पीछे घुमे
या फिर कभी
बदन पर तंग कुर्ती
और कमर के नीचे जीन्स पहन
अपनी नाभि के पास टैटू खुदवा कर
बड़ी अदाओं से बदन को दिखाये
फ़ेसबुक और व्हात्सप पर

घंटो बिताने के बाबजूद भी
मतवाला नशा हो जाये
घर दफ्तर और दिल के ठिकानों पर
कब्जा जमा लें
ना उम्र का लिहाज.करें
किसी भी बन्धन में ना कैद होना चाहे
सच्चाई के आसपास थोड़ी दूरी पर
सीने में सिमट कर छुप जायें हिम्मत तो देखो इनकी
धड़कनों में भी अपनी मर्जी से उठें
दिल से दो पंख लेकर उधार के
अपने बदन पर टांक कर सजाये
आखिरकार लाचार करके सच्चाई को
उसी के चारों तरफ बेपरवाह लहराये
खुशियों को पाने की
ये छोटी सी चाबी ही तो है
छोटी सी चाहते मेरी
बड़ी शरारती हैं।

■

किसी ने मेरी वो कविता चुरा ली है

मेरी एक कविता
कल रात को किसी ने चुरा ली है
यहीं तो रखी थी
बालकनी के गोल टेबल पर
काँच के नीचे
शाम से हल्की हल्की
शोखियों में एक एक घूँट
करके पी रही थी
उसके होठों पे अपने होठों को मिला कर
बड़ा शरारती है मेरी कविता
का कागजी पहनावा
हवाओं में उड़ उड़कर बदन पर
मेरी बदन से लिपटा जाये
बेशर्म कहीं की
शायद अन्दर फोन की घंटी बजी थी
अन्दर से बाहर आयी तो देखा
कविता गायब हो गयी थी
कमीज.की अन्दर बाहर की जेबों में
सोफ़ा, कार्पेट
हर जगह तलाश की
पर कविता कहीं नहीं मिली

आधी रात को आवाज सुनकर जागी थी
आसमान में फैली चाँदनी में
आराम से बैठकर
चाँद को अपना आशिक मान
उसे अपने ढंग में कविता कहने के बाद
दुनिया को कविता पढ.कर सुनाई थी
हाय, किसी ने कल रात को
मेरी वो कविता चुरा ली ।

■

कब आओगे

तुम बिन ठहर सी गयी हूँ
न ही रस बरसे फूलों से
न ही हँसी थिरके होठों पे
शोर गुल भरी ये सड़क
अब अकेली सी चले
बोलो ना
कब आओगे
साथ चलने के हसीन वादे,
शरारती हरकतें,
थोड़ा गुस्सा, थोड़ा गुमान,
थोड़े आँसू, थोड़ी मुस्कुराहट
लिये वो अटूट भरोसा
मुझे अब सिर्फ रुलाये
तुम्हारे चले जाने पर
दो दिन तो बड़ी खुश रही
आजादी के नशे में
आवारा पंछी की तरह झूमती रही
मुझपर तुम्हारी न कोई लगाम
ना किसी की बँदिश
लेकिन अब ये एहसास सा होने लगा
सबसे ज्यादा बर्बाद मैं ही हुई

विरह की रातें
बिन तुम्हारे कटती नहीं
मेरी सारी दुनिया गयी बदल
घड़ी की सुईयों की टिक टिक सी
उम्र मेरी बढती गयी
फिर भी समय जैसे बढ़कर भी न बढ़ पाया
लाज शर्म छोड़ जग की
पन्नों में इतनी बातें लिख दी
शायद इसे पढक़र कोई
तुम्हें खबर कर दे
या तुम खुद ही पढ.कर
लौट आओगे
इसी आस में
अपनी कविता के साथ
नीचे लिख छोडा है अपना पता
तुम्हारे बारे में पूछते फिरेंगे
वो यूँही भटकते फिरेंगे
तुम्हारे बारे में पूछता फिरेगा
बोलो ना
कब आओगे ।

■

तमाशा

बड़े व्यस्त हो आजकल
कुर्सी की ताकत के नशे में
क्या भरोसा इस कुर्सी का
कभी तुम इस पर सवार होगे
कभी ये तुम पर,
फसादों से गहरा रिश्ता है इस कुर्सी का
इसे पाने को शामियाने सजाते हो,
मोर्चे निकालते हो,
सरकार के नारे लगाते हो
लाठी बरसाते हो, हड़ताले करवाते हो
वक्त पड़े तो, नंगे भी हो जाते हो
किसी का गला काटना,
बायें हाथ का खेल है तुम्हारा
कुर्सी की चाहत में
ये शतरंज की बाजियाँ !
कब किसे शह दोगे
कब किसे मात ?
यह समझना बड़ा ही मुश्किल
लेकिन वक्त का क्या भरोसा ?
कब कैसे बदल जाये,
ये जान पाना बड़ा ही मुश्किल !

जब भी ये कुर्सी खिसकेगी
तुम्हारी पहचान एक बेजान खूँटे की तरह
चौराहे पर खड़ी,
मात्र एक तमाशा बनकर रह जाएगी !!!

ये औरत भी ना

शीशे जैसी साफ
औरत के दामन पर भी
कितनी आसानी से
कीचड़ के छींटे
उछाल ही देते है
बांझ, चरित्रहीन, वेश्या जैसे
अपशब्दों से पुकारते है
टीवी - रेडियों या
अखबारों की सुर्खियाँ हो
सोशल मीडिया के खुले बाजार हो
योनि, जांघ, बलात्कार जैसे
शब्दों के मायने भी
अब तो छोटे बच्चे भी समझ जाते है
तब ऐसी बेरुखी बेइज्जती सहते
उसके नयन लज्जा से झुक जाते है
मर मर कर भी
मर नहीं पाती है वो
जल जल कर
हर पल जीये वो
अंधेरे में अपने को
निर्वस्त्र करते समय

मन ही मन में
चित्कार करे वो
फिर भी
इतना कष्ट सहने के बाद भी
एक फींकी सी हँसी
अपने होठों पर खिलाकर
दिनचर्या के अधुरे काम
झाडु पोंछा, बर्तन
रसोई करे वो
और किस नाम से पुकारूँ उसे
मुझे तो जीती - जागती लाश
लगती है वो
जब रात को अकेले में
अपने ही बदन को सहलाये वो
अपने बदन से कपड़े हटाकर
अपनी ही छातियों को छुए वो
होंठ, गाल, कन्धे, हथेलियों
और अपने ही हृदय को
आलिगन करे वो
मेरे हृदय में भी तो वही
ताजा खून बहे
वही घाव पुराने गहरे
वही भयावह तकदीर
आह ....
क्योंकि
कलाइयों में पडे
हथकड़ियाँ के घाव के दाग
उसे सारी रात रुलाये
लेकिन

फिर से फिर ऊँचा करके
तन कर
अपने ऊपर थोपी
सारी लाँछनाओ को
नजर अन्दाज.करके
अपने घर की खातिर
खामोशी से आगे बढ.जाये
लेकिन फिर भी
आदमी के झूठे अहंकार में बसे
उसके अहम् के अंधेरे को दूर करने के लिये
दिये की तरह जलकर
स्वयं को स्वाह करे वो
और जब फिर से सुबह उठे
तो उन गहरे जख्मों को
रत्तीभर भी
अहमियत ना दे वो ।

■

जीवन

शान्त स्निग्ध श्वासों से
विमुग्ध विश्वास ही
जीवन है
फिर भी घृणा सन्देह
प्रति हिंसा का जन्म पैदा होते ही
अहंकार के दर्प में चूर
हैवानियत का खेल
भी एक पल में
पलट जाता है
अपनी आखरी साँस में
ये जीवन
बस एक मुट्ठी राख में ।

ठिठुरती शाम

अल्साई सी शाम को आज
मेरी पतली सी उंगलियों के
मध्य
छलकने लगे
धीमे - धीमे से
सर्दियों के आलाप
गजल की धुन जैसे
मतवाली प्यारी मदहोशी
दिल में छाने लगे
जुबलीपार्क की मखमली घास
गलिचे पर पड़ती रोशनी
दोनों के बदन को जरा सी
सहलाती हुई
कोहरे में भीगी शाम
मजबूर करे सब कुछ
भूल जाने का
कसम से
तुम्हारी मेरी, हम दोनों की कसम से
बिना शर्तों का समर्पण
अच्छा बुरा -भला क्या समझें
दूर जाने वाले मेरे साथी

क्या पता क्यों आज रात
तुम्हें अलविदा कहने को
मन नहीं माने
बल्कि
शाम ढलने के बाद से
हमारे बीच बारिपदा से
भुवनेश्वर की दूरियाँ
नजदीकियों में बदल जाये
और
पहले से भी कहीं अधिक
लगने लगे हो तुम मुझे
कुछ और अपने से ।

मेरी सत्ता

कुछ पलों की
तुम्हारी हवस की दरिंदगी
बदरंग सी सुबह को
अपने घर कैसे वापिस जायेगी
बिखरी हुई सारी जन्दिगी
अब कैसे बितायेगी ?
बेआबरू हुआ नारी का जीवन
हमेशा के लिये बन जाये
उसके आँसुओं का प्लावन
कहने को तो तुम पवित्र हो
सुवर्णा हो
जितना भी तन को छुपाओ
नजर तुम्हारे स्तनों पर
डाल ही दे वो ।
और
अपने दाँतों में, नाखूनों में
फंसे हुए मांस और सुखे खून के साथ
जिन्दा रह जाये वो
अखबार के पन्नों में
बिजली की तरह फैल जाये
वो दरिंदगी का हादसा

रोचक खबरें सुर्खियां बनकर
छा जाये चारों तरफ .
पर सिर्फ यहीं तो नहीं होते खत्म
ये खबरों के सिलसिले
वार करते हैं उसपर
कटघरे में खड़ा करके
हजारों बेहूदे प्रश्न
और शुरु हो जाता है उसका
कभी न खत्म होने वाला संघर्ष
कहीं और भी
एक अलग तरह न खत्म होनेवाला युद्ध अभी भी जारी है
किन्ही अन्धेरी गलियों में
जलती रौशनी की परछाईयों में
अपने बदन का मोलभाव चुकाती है
अपने ही विवेक के साथ
मजबूर सी एक देहजीवी
हर रोज हरपल युद्ध करती है
या फिर कहीं पर
एक और युद्ध जारी है
पतिव्रता औरत अपने ही बिस्तर पर
अपने शराबी पति के सामने
अपने को समर्पित करते हुए
पल पल तिल तिल कर जलती है
हर युद्ध के खत्म होने के बाद
तुम हैवानियत का खेल शुरु करते हो
अपने उस प्रलय के आखिरी स्तर पर
तुम हार ही जाते हो
ईश्वर की विचित्रता तो देखो ?
मेरे ही गर्भ में

तुम बीज बनकर सजीव होते हो
एक निस्सहाय पिण्ड की तरह
मेरी कोख से जन्म लेते हो
और उसकी उष्मता में
जकड़कर, लिपटकर सिमट जाते हो
और मेरे उन्ही स्तनों से टपकती
अमृत बूँदो को पीकर पलते हो
सचमुच
उस वक्त वह कितनी महान
और तुम कितने सूक्ष्म बन जाते हो
वहाँ सिर्फ तुम अकेले ही नहीं
और भी कई तुम्हारी तरह चमकते
अनेक अनावृत अंतरनाद में गूँजते
हैं किलकारियों के पवित्र पर्व जैसे ।

■

मुझे कुछ कहना है

त्याग करो क्रोध का
और प्रेम करो हर दिन से
हर रात से
धान की फसल से
पृथ्वी की तरलता से
लहराती हवाओं से
बहते झरनों से
काशतण्डी के बिखरे सफ़ेद रेशों से प्रेम करो
और अधिक अपनी माटी से
ना जाने क्यों ?
एक डर सा घेरने लगा है
धरती पर अवशेष ना रहेगा कुछ
ना ये दिन ना ये रात
ना धान
ना ही नदी के किनारे
ना फाल्गुन की फुहार
ना ही हरे भरे जंगल
विलुप्त होते गिद्धों सी
रिक्त हो जायेगी ये माटी
ना जाने क्यों ?
माटी की खोज में मेरे बच्चे स्वयं

लाश ना बन जाये
इसलिये हे मेरे बच्चों !
ऐसा कुछ हो उससे पूर्व ही
बचे दिनों में
अपनी अंतिम साँसों तक
प्रेम करो
और अधिक प्रेम करो
और अधिक सबसे प्रेम करो ।

■

एक बार कुछ अपने लिये

जरा अपने लिये
तुम्हारे दृष्टिकोण की संकीर्णता
जब मेरी सत्ता की सीमाओं का हिसाब मागें
तो मैं हो जाती हूँ निरुपाय
अपने चारित्र का प्रमाण-पत्र देने देती
आधी से अधिक उम्र कर गयी अतिक्रम
बचीखुची रोटियां, आखिरी नींद
इन शुष्क इच्छाओं बीच समायी
इसी हाल में खुश रहनेवाली
वो आकृति
रात को लकड़ी के डण्डों से
तुम्हारे शराबी हाथों पीटने के बाद
मुझसे मेरी गुलामी का हिसाब मांगती है
जीवन, यौवन, प्रेम, गोत्र और पहचान
सबकुछ तो दे चुकी है
और क्या दान में दे सकती हैं तुम्हें
यह नारी अपने बदन की अस्थि मज्जा
हाड़मांस के अलावा ।

■

पात्र

पता नहीं था मुझे
तुम मुझे यूँ ही
बार बार
खाली करोगे
बार बार भरोगे
आखिर
एक पात्र ही तो हो
यह कहकर
बेरुखी से
यहाँ वहाँ रख दोगे
नये नये प्यार में
मेरे चक चक होते बदन से
तुम अपना रुप संवारते थे
अटारी पर दूसरों के साथ
रखने के बावजूद भी
मेरी अलग से अहमियत तो थी
वो दिन अब नहीं रहे
तुम्हारी भूख प्यास को
लाड़ में उड़ेल कर
देते देते मैं अब
एकदम बदरंगी सी हो गयी हूँ मैं

एक पात्र होने का
कोई गम नहीं है मुझे
बल्कि
इतना सुख है कि
तुम्हारे भरण के लिये पेट भरने
चिरकाल तुम्हारे साथ रहना है मुझे ।

प्रेयसी

प्रेम में सरोवर
प्रेमिका का अन कहा प्रेम
तितलियों से कोमल
मखमली पंखों सी
बहुत रसीली उसके
पतले पतले होठों की धार
आकर्षित करती
उसकी कटीली नजरें
जैसे प्यालें में भरा जाम
मदमस्त मादक मधुर
प्रेयसी की अगाध आकांक्षायें
उदीपन और तीव्र तर
इस लज्जाति हुई
नाजुक रेशम की डोर से
बांधना बहुत ही दुष्कर
बोलो
इन्द्र धनुष सी
रंगीन मिजाज की मालकिन
मदमस्त यौवन में छलके
उसका प्रेम
लेकिन प्रगाड़ अनन्त

शहद भरे यौवन के कलश का भार उठा
सहमी सी
अनछुए अंगों पर अनगिनत शृंगार लिये
प्रेयसी बनना क्या इतना सहज है भला !
वो तो एक समर्पित सा स्वर
जो अपने प्रिय साजन को
दूसरों की खुशी के लिये
किसी और को भी दे सकती है
प्रेम को भी त्याग कर दे
प्रेमी के पुण्य उपहारों को भी लौटा दे
अंत में
अपने ह्रदय में समस्त आँसुओं को समेत
गमों में लिपटी स्मृति की एक चादर ओढ.
अपना संपूर्ण जीवन जलते सुलगते
व्यतीत कर सकती है ।

■

कोई तो है

कोई तो है
जो अल्सायी सुबह हिलाकर
मुझे नींद से जगाये
कोई तो है
जो ना जाने किसके मोह में डुबी
रसवन्ती इच्छाओं को जगाये
सारी रात के अकेलेपन में
बिस्तर पर बिछी हुई
स्मृति की मुड़ी तुड़ी
सिलवटों से भरी चादर पर
पड़े सुखे से मन को
अपने चौड़े विशाल
कन्धों के आलने पर
तहकर, सहेज कर
रख जाये
कोई तो है
जिसके करीब आने भर से
मन में दबे
चंचल चपल इच्छायें
झुठ - मुठ नाक फुलाकर
रुठने का गुमान

करने लग जायें
कोई तो है
जिसमे केवल आने मात्र से
सारा दृश्य बदल जाये
तरल मधिम चाँदनी में
गमलों में खिले फुल भी
एक ताल में लहराते हुए
झुमने लग जाये
और
कोई तो है
जो मेरी पुरानी अल्मारी में
रखी हुई पाजेब की जोड़ी
मुट्ठी में छुपा कर लाये
और
जब मुझे पहनाने लगे
मुझ से इतना प्रेम क्यों करते हो ?
बार बार पूछने पर भी
मेरे इस प्रश्न का उत्तर ना दे
वो चुप रह जाये
बल्कि
लाख कोशिशों के बावजूद
वो छुपाकर रखी हुई
उसकी मधुर, रोमाचक,
हरणेवाले कृपा दृष्टि
हमारे ऊपर से कभी भी
हटने ना पाये ।

दिल के आईने की तस्वीर

आज शाम को
दिल के कमरे में
थोडा वक्त गुजारेंगे
आओ ना
मेरे दोनों नयन
बिछी हुई दो चौकियां
तुम्हारे इंतजार में
खाली सी पड़ी हैं,
आओ ना
प्रतीक्षा करती बीच मे पड़ी गोल मेज
उसके ऊपर करीने से रखा हुआ
विश्वास का फूलदान
रिश्तों के गुलाब से सजा हुआ है
वहाँ पर
एक दूजे के सामने बैठ
प्रेम प्याले से उठती भाप में
आहिस्ते से अपने होंठ डुबोंयेगे
प्यास के ठिकाने का पता ढूँढते ढूंढते
शायद क्या मालूम
भूख की भूगोल के भी चक्कर लग जायें
बलगाम भारतीय हसरतें, ढेर सारी

रंगीन तितलियाँ बन जायें
आकांक्षाओं के शिखर में
फुर्र से उड़े तो ये महिफल रंगीन हो जाये
मेरे घर की
कोहरे से लिपी कांच की खिड़कियों में
ना जाने कितनी निगाहें
पुलिस की तरह नजर टिकाये होंगे
खोजें मेरी बला से
संपूर्णता में भी अधूरे रहेंगे

प्रियतम
बारीपदा एक छोटा सा कस्बा
बड़ा मुश्किल है इसमें छिप ना पायेंगे
हृदय तो अपना, एक अभेद किला है
कितना आनन्द, शवकी नजरें से बचकर
थोड़ा थोड़ा करके चुपके से निकल जायेंगे

■

मेरी लाड़ली बेटी

अपनी ही छवि को, मेरी नजरें
तुम्हारी आँखों में देखने लगी है
तुम साइकिल को छोड़
अब बाजार, कालेज स्कूटी में जाने लगी हो
फ़ेसबुक पर नये रिश्ते
जोड़ने बदलने लगी हो
तुम्हारी बढ़ती उम्र की आँखों में
मनमौजी साथियों की रंगीनियाँ
छलकने लगी है
तर्क और जिद्दीपन की धूल पर धूल
जमने लगी है
जो यौवन के उन्माद को
समझना नहीं चाहती
जीवन के संघर्ष में जब कभी हार जाओगी
छलना के बन्धन सहजता से
तुम्हारा साथ छोड़ देंगे
और उम्र भर की कमाई
इज्जत के खो जाने पर
तब तुम कितनी शर्मसार होगी ?
मकड़ी के जाल जैसे लिपटे अधूरे सपनों
के साथ क्या जी पाओगी ?

कसम से, मेरी लाड़ली बेटी
मैं तुम्हारी माँ
इतनी आसानी से तुम्हें ना मिटने दूँगी
चाहे, हर पल तुम्हारी नजरों में
एक क्रोधी और कठोर माँ
के रुप में बिम्बित होती रहूँ
तुम्हें सुरक्षित देखने को
अपनी उम्र के अन्तिम पड़ाव तक
प्रति क्षण कटिबद्ध रहूँगी ।

अस्तित्व

मैं सोचती हूँ
मेरे ऊपर किसी का कोई दखल ना रहे
किसी के नजर डालने से पहले
अपनी काया को पेड़ से ढक
धुआँ बनकर
उड़ जाऊँ
मैं सोचती हूँ
इतनी आहिस्ता से
खामोश रहूँ
मेरी सासों को भी
आने जाने के रास्ते की
खबर ना रहे
कोई शब्द ना रहे
मैं सोचती हूँ
अपने आंगन में किसी एक शाम को
अपने चेहरे पे मुखौटा पहन लूँ
ताकी मेरे हँसने रोने का कोई
हिसाब ना रख सके
और
अपनी इच्छाओं के इलाके में
मखमली पंख लगाकर

उड़ जाऊ
नीचे एक धुँधली सी पृथ्वी होगी
उसके अन्दर अनेक निगाहें
मुझको ढूंढती हुई
झुलस रही होगी ।

शब्द के लिये

सृष्टि का संयोजन हो
शब्दों की नम्रता में
वो अपनायी जाये
सृजनशीलता में
शब्द संघर्ष के हो
या प्रेम के हों
वो बहते जाये
आशा भरी आतुरता में
तेज संचारित पुलक
सदा प्रकाशित दीप
की ज्वाला में
ये शब्द ही जैसे
अबोधता की महासत्ता में
जड़ को भी करें जीवन्त
नवज्योति नित्य नवीनता में
किन्तु
ब्रह्ममय शब्द
केवल नीरव शान्त रहें
अंतर आत्मा के गर्भगृह में ।

आघात

जब जब मैं माथा ऊँचा कर चली
तब अपने ही दवार की चौखट से
टकराई, ठोकर खाई
औरत हूँ ना इसीलिए
वो आघात का दर्द
कैसे सारे शरीर में फैलने लगता है
दिल को भी अन्दर से तोड डालता है
मन ही मन परेशान सी होकर
सोचती हूँ
ये किवाड़ छोटा हो गया
या मेरा कद ऊँचा हो गया
बाहर का आसमान भी ताकीद करे
सिर झुकाओ
अन्दर की दीवार भी भला कहाँ छोड़े
ताने मारे
लड़की होकर भी सिर क्यों उठा रही हो
चलो सिर झुकाओ
रक्षणशील समाज की आदम के जमाने की
छोटे से दवार की ये चौखट
बहुत चतुराई से बनाये गये
चारों तरफ मेरे यही समस्यायें

हर नारी के द्वार की चौखट
जब उनके सिर से टकराये
उन्हें आघात पहुंचाये
तो मेरा मन बहुत कष्ट पाये
ये सब कैसे सहूँगी ?
किस किस के सामने सिर झुकाऊँगी ?
उनकी सूची बनाने से पहले सोचती हूँ
विद्रोह न कर पाने वाली नारियों के सामने
अपना दृढ.व्यक्तव्य रखूँगी
घर जैसा है वैसे ही रहने दो
आओ चलो
नीची चौखटों को तोड़ दो
एक बार अपने लिये ही सही
अपने खातिर जीना सीख लो ।

■

विश्वास में जगन्नाथ

विश्वास में जगन्नाथ
विराजमान हैं कण - कण में
विश्व भ्रातृत्व में
अपने ह्रदय में
अपने धुमित नयनों में भरे हुये
अनन्त की प्रशान्त व्यापकता
प्रसारित बाँहों को खोल
देते हैं आशीषों की वर्षा
जिनके इशारों से सुर्य - चन्द्र
आज तक इस धरातल पर
विद्यामान हैं आदि से अन्त तक
भावग्राही ठाकुर परिचय से
लहराते हैं वो, परम्पराओं का ध्वज
भावों से बन्धे ये ठाकुर
पूर्ण करें सकल कामना
कैवल्य के स्पर्श मात्र से
पापी मन पुण्य हो जाये
उसके दिव्य दर्शन पाते ही
भक्त मन शीतल हो जाये
सर्व धर्म समन्वय के लिये
पतितों के उद्धार के लिये

डोलते झूलते रथ पर सवार हों
बड़दाण्ड में, हे जगत के ठाकुर
धन्य है वो गोसाईं हमारे
धन्य है उनके भक्त
रथवाले पथ में गूंजे हरिबोल
हुल्लो हुल्ली ध्वनी के स्वर ।

∎

हे मेरे ईश्वर

जब मैं भटकने लगूँ
गोद में क्यों नहीं उठा लेते ?
हे मेरे ईश्वर !
जब मैं रोने लगूँ
क्यों नहीं पोंछ देते मेरे आँसू
हे मेरे ईश्वर !
चारों तरफ मन्दिर
अलग - अलग तुम्हारे रुप
सहस्त्र तथास्तु मुद्रायें
कोलाहल करते
भजन कीर्तन के मधुर स्वर
फिर भी, मैं क्यों खाली ?
हे मेरे ईश्वर !
सर्व भूतेषू की तरह
अंतर मन की गहराई को विभोर करता
तुम्हारा गूंजता ऊँ कार नाद
फिर भी
मेरे लिये कितने हैं नीरव
विभंग गम्भीर स्वर
इस काया से मुक्ति पाने हेतु
चारों और फैले घोर अन्धकार में

श्वासों के तारतम्य से
न मुक्ति पाती हूँ
न ही पाती हूँ निस्तार
फिर भी, आओ ना
कभी तो आओ ना
ऐसा क्यों करते हो ईश्वर ?
हे मेरे ईश्वर !!!

घास के तिनके

असहनीय तपती गर्मी
भी उसे झुलसा कर मिटा न सकी
विद्रूप भरी कचड़ा बारिश
उसे बहा कर ले जा ना सकी
उसने तो ठिठूरती सर्दी की
कोहरे की बूँदें अपने माथे पर
बिँदी बनाकर सजा लो
कितनी जिद्दी है वो
नोचो, बार बार उखाडो
फिर भी जिन्दा ही रहेगी वो
तुम्हारे दर्प से चूर पैरों के तले
मसले कुचले जाने पर भी
फिर से अंगडाई लेती हुई मटकती हुई
बहती पवन के झोकें में लहराये वो
इधर उधर बेतबरी से जैसे तैसे,
जकड़ पकड़ कर
मर मर कर भी जीना, तुम्हीं से सीखा
भला अब क्यों डरे वो
चाहे जितनी बार चाहो
उखाड़ना उसे उखाड़लो
औरत जात है ना

कमजोर से शरीर मे
कोमल हृदय को बसाये
मजबूत जड़े नीचे तक फैला कर
जकड़ कर जबरदस्ती जमी रहेगी वो
सुखी, उर्वर, रेतीली
किसी भी तरह की जमीन पर
तिरस्कार घृणा से भरी
लताड़नाओं को खाकर भी
हजारों बार कुचलने बार भी
स्वयं ही उठ खड़ी होगी
तुम्हारी थुकी बलगम से
ढक कर भी बची रहेगी
अपने बदन में जीती रहेगी
तुम्हारे पैरों के नीचे बिछे
घास के तिनके
तुमको ही विद्रूप करके
फूलों को खिलाकर बचे रहेंगे वो ।

सांवली सी लड़की

कड़क चाय की तेज महक जैसी
सांवली सी लड़की की बात ही
दूसरी है
घाट घाट का पानी पीकर भी
कोई जो उसके पास जाये
कौन शेर है, कौन बकरी
वो तो झट में ये भाँप जाये
कितने ही न्यारे बहानों से
कोई एक बूँद पानी के लिये
उसके पास मांगने जायें
खिल खिल हँसते हुए वो
सारी चतुराई समझ जाये
गालों में भँवरों जैसे गढढ़े.
माथे पर लहराती घुंघराली जुल्फे
पहले ही नजऱ में
एकदम अपनी सी लगने लगे
गोरी चिटटी चमेलियों की
लम्बी सी कतार में
सबसे आखिर में खड़ी
सांवली सी लड़की
उपर इतनी भोली भाली लगे

जैसे प्रेम के प को भी ना समझे
उसके प्रेम में सावधान
उपरी तह पर ये स्थिर शान्त
किन्तु भीतर में अत्यंत गहरा प्रशान्त ।

■

बारीपदा

स्वप्नपुरि की किस परिकल्पना में
तुम्हारा इतना लावण्य सम्हार
चारों तरफ महकते हुए
तुम शीशम के फूल की शहर को
कितने निष्पाप, शान्त सरल
तुम्हारे कोमल शरीर पर
चमकते हैं मेरे हर प्रहर
बलागींर का सूर्यदय
दूर सिमलीपाल के सूर्यास्त के स्वर
चहचहाटतें विभोर
तुम्हारे विमुग्ध अन्तः स्वर
और मैं तरबतर भीगी हुई
असीम तेरे आकर्षण में
इतनी सी ख्वाहिश है मेरी
अपनी बाकि की उम्र बिताऊँ
तुम्हारी मखमली आगोश में बार बार
तुम बस ऐसे ही
सहते रहो
माँ की तरह

सहेली की तरह
प्रेमिका की तरह
मेरे हर राग - द्वेषों को
मेरे रूठने के भार को
बल्कि
उसके बदले में
लेते जाओ
मेरे सारे जीवन के
संचित पुण्य को ।

मयूरभंज

कविता में किसी उपमा
की कोई जरुरत नहीं
तुम स्वयं ही कविताओं की
महफिल हो
शीशम की कमर पर
मेखला चादर में लिपटी
सीमलीपाल की लुभावनी चेतना से
महुआ के फूलों में महकती
झरने के संगीत की साधना हो
चैत्र का लोक नृत्य छऊ
फिर मकर की दुषुर की वन्दना हो
झुमर के मृदंग की मदकती
धृ तान तान करती
गाँव की ललना हो
सप्तरंगों में सजाऊँ क्यों तुम्हें
तुम तो स्वयं
सुन्दरता की अपूर्व वर्णना हो
तुम बेना डोलाती
प्रत्येक ऋतु हो
मेरे शरीर में भर भर
उड़ेलती सुगन्धा हो

मेरी काया जैसे
उस सुगंध मे महकना चाहे
अँजुली भर पानी
पसीने की बुँदे
ओस जैसे चमकनाचाहे
तुम्हारे सीने पर सदाबहार फूलो के मौसमों
जैसे खिलना चाहे
क्या तुम जानते नहीं
जब भी तुम पर कविता लिखने का
न्योता पाती हूँ
ना जाने कैसे
शब्दहीना होजाती हुँ।

विभोरते शब्द

कुछ शब्द
इतने सभ्रांत कि
प्रयोग करते ही
पांच पंचायतों में
मेरा सम्मान बढ.जाये
कुछ शब्द
इतने जिद्दी कि
गिरती पड़ती उड़ान भरना सीखते
मेरी कोमल सी खिलती
चाहतों को
जानबुझ कर दिव्य सपने दिखायें
और मेरा शरीर
मुँह के बल ठोकर खाकर
परेशान सा हो
धड़ाम से गिर जाये
कुछ शब्द
इतने शर्मीले कि
मेरे दिल की गहरी गुफा में
मुँह छुपा, स्थिर होकर
जमकर बैठ जायें
फिर चाहे जितना भी
उनका मनुहार करें

वो कभी बाहर ना आये
फिर भी
मुझे ये शब्द बहुत प्रिय
मेरी अज्ञानता से भरी
धुँधली सी दिशांतर की
मेरी विभोर भावनाओं से
कैसे भी तालमेल बिठा कर
आपस में ही काँट - छाँट कर
आगे बढ.आये
होठों में रहकर गुनगुनाये
स्याही के रंग में लिपट कर
कागज.पर बिखरने को
उतावले से हो जायें
उनको तो समेटने के लिये
स्वयं चित्रमेघों के रेशम की डोर
में लिपट कर
शुभ्र ज्योती सा कोरा - कागज.
झट से सामने आ जाये
और देखो
ना जाने कहाँ से ऐसे ही
मेरी कलम
अहंकार से चूर होती जाये
भला इससे मेरा क्या बडप्पन दिखलायें ?
वो सारे शब्द
जब एक साथ
गोल मोल होकर
चौकडी मारकर बैठे
तब वो मन की भावनाओं
की चमक में

चौंध में जाये
फिर भी
उन शब्दों में रचित
वो कविता पढ़कर
भोले भाले दुनिया वाले
मुझपर ऐसे ही फिदा हो जाये
वाह असीमा, बहुत खुब
कहते जायें ।

■

The original Odia poems of this collection were published as 'Isharare Dake Kie Digbalay Separiru' and was released by **His Excellency Professor Ganeshi Lal Jee, Honourable Governor of Odisha**, in Abhishek Hall of Raj Bhavan on 24th September 2019.

www.ingramcontent.com/pod-product-compliance
Lightning Source LLC
Chambersburg PA
CBHW031124080526
44587CB00011B/1094
9781645600848